BEI GRIN MACHT SICH IHR WISSEN BEZAHLT

AF139851

- Wir veröffentlichen Ihre Hausarbeit, Bachelor- und Masterarbeit

- Ihr eigenes eBook und Buch - weltweit in allen wichtigen Shops

- Verdienen Sie an jedem Verkauf

Jetzt bei www.GRIN.com hochladen und kostenlos publizieren

Bibliografische Information der Deutschen Nationalbibliothek:

Die Deutsche Bibliothek verzeichnet diese Publikation in der Deutschen National-
bibliografie; detaillierte bibliografische Daten sind im Internet über http://dnb.d-
nb.de/ abrufbar.

Impressum:

Copyright © 2012 GRIN Verlag, Open Publishing GmbH
Druck und Bindung: Books on Demand GmbH, Norderstedt Germany
ISBN: 9783668420120

Dieses Buch bei GRIN:

http://www.grin.com/de/e-book/285605/analyse-des-romans-das-schwarze-pulver-
von-meister-hou-von-tran-nhut

Meropi Karpatsi

Analyse des Romans "Das schwarze Pulver von Meister Hou" von Tran-Nhut

GRIN Verlag

GRIN - Your knowledge has value

Der GRIN Verlag publiziert seit 1998 wissenschaftliche Arbeiten von Studenten, Hochschullehrern und anderen Akademikern als eBook und gedrucktes Buch. Die Verlagswebsite www.grin.com ist die ideale Plattform zur Veröffentlichung von Hausarbeiten, Abschlussarbeiten, wissenschaftlichen Aufsätzen, Dissertationen und Fachbüchern.

Besuchen Sie uns im Internet:

http://www.grin.com/

http://www.facebook.com/grincom

http://www.twitter.com/grin_com

Inhalt

1 Einleitung

In der folgenden Seminararbeit werden wir uns mit dem Roman „Das schwarze Pulver von Meister Hou" von Tran-Nhut beschäftigen. Die in Vietnam geborenen Schwestern Thanh-Van und Kim schreiben gemeinsam die Kriminalromane rund um den Mandarin Tân. Der Titel „Das schwarze Pulver von Meister Hou" bezieht sich auf eine bestimmte Droge, die im Roman benutzt wird um Halluzination zu bewirken und diese Menschen in einen Zustand zu bringen, sich mit dem Universum zu verschmelzen. Im Folgenden werden wir die Figuren, den Inhalt und den Stil des Romans analysieren und schließlich wird auch das Verhältnis zwischen dem Erzähler, den Figuren und dem Leser näher betrachtet. Zu den Figuren wird eine Figurenanalyse dargestellt. Der Inhalt besteht aus dem Thema, der Stoffgeschichte, den Motiven und dem Plot, die im Roman eine sehr wichtige Rolle spielen. Im Stil beschreiben wir die Wort-, Satz- und Textstilistik die im Roman benutzt wird. Auf diese Weise wird eine genaue Darstellung der Geschichte rekonstruiert, welche am Schluss ein offenes Ende hat, weil der Verbrecher, beziehungsweise die Verbrecherin nicht gefasst werden kann.

2 Der Titel

Der Titel des Romans „Das Schwarze Pulver von Meister Hou" zeigt auf den ersten Blick nicht das Thema des Kriminalromans. Er lässt den Leser in der Unklarheit bezüglich der Droge, die das schwarze Pulver in Wirklichkeit ist. Die Droge wird kurz vor Ende des Romans erläutert und erst dann kann der Leser eine Verbindung mit dem Titel und dem Thema des Romans herstellen.

Der Titel bezeichnet eine bestimmte Droge die auch „Pulver des Kalten Büffets" genannt wird. Die Wirkung der Substanzen, die dieses Pulver beinhaltet, ruft extreme Hitze im Körper des Konsumierenden hervor, gegen die man ankämpft, indem man kalte Speisen isst und sich den Körper mit Eiswasser besprengt (vgl. TN 228).

Aus medizinischer Hinsicht bewirkt diese Droge noch einen weiteren Effekt: „Die Einnahme des Pulvers hat eine Weitung des Geistes zur Folge, eine wahre Erleuchtung." (TN 229) Mit anderen Worten kann man mit diesem Pulver den Horizont erweitern, auf spirituelle Suche gehen oder eine innere Erfahrung machen (vgl. TN 229).

Der historische Kontext der Einnahme dieser Droge besteht jedoch aus lauter Widersprüchlichkeiten: „Diese doppelgesichtige Droge spielt mit Feuer und Wasser, hat stärkende Kräfte und ist zugleich hochgiftig. Sie lässt den Benutzer abhängig werden, woraus sich eine lang andauernde und am Ende tödliche Einnahme ergibt." (TN 229)

3 Figuren

3.1 Hauptfiguren

Die grundlegende Hauptfigur des Romans ist Mandarin Tân. Er ist der Richter und gleichzeitig auch der Detektiv einer kleinen Hafenstadt im Norden Vietnams. Er wird im Roman schon von Anfang an beschrieben, aber wegen eines nicht offiziellen Gesprächs, wird uns eine Darstellung gegeben, die nicht eines Mandarins ist. Somit trägt er eine bequeme Tunika aus Rohseide und nicht seine feierliche Mandarinshaube, sondern ein mehrfach umwickeltes Band, dass im Haar und zu einem Knoten gebunden wurde. Es wird sogar erwähnt, dass dieses Aussehen nicht auf einen Mandarin verweist (vgl. TN[1] 14).

„Der Detektiv schweift in dem Leerraum zwischen den Figuren als entspannter Darsteller der ratio, die sich mit dem Illegalen auseinandersetzt, um es, gleich den Sachverhalten des legalen Betriebs, zu dem Nichts ihrer eigenen Indifferenz zu zerstäuben."[2] Kracauers Ansicht zur Rolle des Detektivs hilft uns zu verstehen in welcher Lage sich Mandarin Tân während der Auflösung eines rätselhaften Verbrechens befindet, denn *er*[3] ist der Vertreter der Ratio, der sich mit dem Illegalen auseinandersetzen muss.

Mandarin ist ein Beamtentitel, den man nicht durch Erbe oder Abstammung erlangt, sondern indem man eine Prüfung ablegt. Mandarin Tân stellt zwar als Richter eine Respektperson dar, der man mit großer Ehrerbietung gegenübertritt, sein gesunder Menschenverstand und seine Herkunft aus recht einfachen Verhältnissen sind ihm aber bei seiner Arbeit von weitaus größerem Nutzen als sein Titel.

„Die *Gruppe der Ermittelnden* besteht aus dem Detektiv und den Mitarbeitern, die entweder in einem besonderen Vertrauensverhältnis oder aber in Distanz oder gar Konkurrenz zu ihm stehen. Der *Detektiv* ist die zentrale Figur jeglichen Detektivromans."[4] In diesem Abschnitt erkennen wir auch das, was im Roman dargestellt ist. Mandarin Tân hat bestimmte Mitarbeiter die alle erwähnt und beschrieben werden. Er stellt zwar die zentrale Figur des Romans dar, aber ohne seine Mitarbeiter wäre er nicht im Stande die bizarren Fälle aufzulösen.

Mandarin Tân verspürt im Roman eine Neigung zu Madame Eisenhut, die die verdächtigste aller Personen ist. Ihr Aussehen macht sie verführerisch und als der Mandarin sie sieht, denkt er: „Welch eine Frau!" (TN 39) Als er aber ihre Freundschaft zu Hsiu-Tung entdeckt und er

---

[1] Tran-Nhut (2008): Das schwarze Pulver von Meister Hou. Zürich: Unionsverlag.
[2] Kracauer (1922/1925: 26).
[3] [Hervorh. v.m.].
[4] Nusser (1992: 42) [Hervorh. i. O.].

3

ihre liebevollen Gesten zu diesem Fremden mit ansieht, macht ihn das eifersüchtig und misstrauisch gegenüber dieser Frau (vgl. TN 110-112).

Einer seiner Mitarbeiter ist der Schriftgelehrte Dinh. Er ist Mandarins Freund und Helfer. Er bewahrt immer einen kühlen Kopf und unterstützt ihn bei seinen komplizierten Ermittlungen. Dinh hat eine Schwäche für Kleidung und nutzt jede Gelegenheit aus um entweder in die Nähe von Stoffen zu kommen oder sich Kleidungsstücke zu kaufen: „Und vor allem wird dieser Ausflug es dir ermöglichen, schöne Stoffe durch deine Finger gleiten zu lassen, ohne sie kaufen zu müssen."(TN 83), oder: „Ich konnte mir nicht verkneifen, sie gleich auszuprobieren, der Seidenstoff liegt so weich am Körper."(TN 235).

Dinh verabscheut jedoch Ausflüge, weil er es unangenehm und erschöpfend findet auf einem Pferd zu reiten und den Mandarin regelmäßig bei seinen Ausflügen zu begleiten (vgl. TN 17). Außerdem findet Dinh Doktor Porcs Aussehen widerlich und er verachtet es besonders als er gezwungen war sich mit Doktor Porc in einem kleinen Graben zu verstecken, um Mandarin Tân bei seinen Ermittlungen zu unterstützen:

> Ins hohe Gras geduckt, das den kleinen Graben auf dem Friedhofsgebiet verdeckte, versuchte der Schriftgelehrte Dinh vergeblich, die puddingweiche Flanke wegzudrücken, die ihn den Ellbogen zerquetschte. Er hasste den Geschmack von Fett und mehr noch die Berührung durch weiches Fleisch, ebenso sehr kam ihm die durch die winzige Grube erzwungene Nähe zu einem Dickhäuter mit menschlichem Antlitz wie eine Folter für all seine Sinne vor. (TN 118-119)

Dinh ist derjenige der herausfindet, dass der Eunuch Clemens einen illegalen Betrieb führt, weil Mandarin ihn dazu beauftragt hat, den Papierberg des Eunuchen (Dokumente voller Waren) durch zu schauen und Irregularitäten festzustellen (vgl. TN 177). Seine Entdeckung berichtet er Mandarin voller Stolz und erklärt ihm, wie der Eunuch das Land bestielt: „Die Waren sind nie zur gleichen Zeit ausgeführt worden und nie in großen Mengen. Ich musste Hunderte von Blättern studieren, bis mir dieses Detail auffiel. Herr Clemens hat getan, was er konnte, um von dem abzulenken, was er exportierte." (TN 212).

Eine weitere wichtige Figur ist Doktor Porc, der auch Mandarin Tân hilft die Fälle aufzuklären. Sein medizinischer Hintergrund ist von großer Wichtigkeit, weil er den Mandarin mit bestimmten Grundlagen über die Todesursache der Verstorbenen benachrichtigt: „Mit einem scharfen Messer schlitzte Doktor Porc die Weste der jungen Frau mit den geschlossenen Augen auf, worauf eine große aber schlaffe Brust zum Vorschein kam. [...] »Kommt rasch, Mandarin Tân! Da ist etwas Merkwürdiges auf dem Körper der Opfer...«". (TN 34)

4

Doktor Porc hat einen ungewöhnlichen Appetit, deshalb ist er auch dick und schwerfällig, mit einem vorgestreckten Bauch (vgl. TN 32). Seine Ernährung bezieht sich hauptsächlich auf Fleisch: „Ich glaube, der Wirt ist gerade dabei, für Eure Blutsuppe die Hühner zu rupfen und die Ochsen zu schlachten." (TN 33)

Er ist derjenige, der herausfindet, dass die medizinischen Produkte aus dem Land verschifft werden, als er in der Apotheke nicht einmal mehr die einfachsten Zutaten finden kann, um Bauchschmerzen zu heilen (vgl. TN 158). Auf dem Ausflug nach China entdeckt er alle Produkte, die ihm fehlen und macht dazu eine Bemerkung: „Diese letzten Monate habe ich mich vergeblich bemüht, die Zutaten zu finden, die ich zur Ausübung meines Berufes brauche. […] nichts davon ist in den Läden bei uns mehr zu finden." (TN 218)

Hsiu-Tung ist ein französischer Jesuit, der in die Hafenstadt gekommen ist, nachdem er jahrelang in China bei einem anderen Mandarin die Kultur des Orients studiert hat:

> Ich selbst […] habe während meines Aufenthalts in China Chinesisch gelernt, bei dem Mandarin, der mich aufgenommen hatte. Gegen ein wenig Astronomieunterricht gewährte er mir Kost und Logis, was es mir erlaubte, etwas über die Sitten und Gebräuchen des Landes zu erfahren. […] Mein Beschützer ist gestorben, und ich wusste nicht mehr wohin. Also entschloss ich mich, das erste Schiff in Richtung Europa zu besteigen. Aber der Monsun hat es anders gewollt. (TN 29)

Obwohl er Mandarins Freund ist, macht ihn sein merkwürdiges Benehmen verdächtig ein Spion zu sein. Mandarin Tân verfolgt Hsiu-Tung, als er ihn zufällig dabei erwischt hat das Haus in Eile zu verlassen und mitten in der Nacht zu Madame Eisenhut zu gehen. Seine ungewöhnliche Freundschaft mit Madame Eisenhut macht den Mandarin ärgerlich, unruhig und misstrauisch gegenüber dem Jesuiten (vgl. TN 108-112). Mandarin Tân stellt ihn daher zur Rede, um die Wahrheit zwischen ihm und Madame Eisenhut zu entdecken: „Ihr irrt, Mandarin Tân, ich kenne sie nicht als Gefängniswärterin, sondern als Alchimistin." (TN 134)

Außerdem ist Hsiu-Tung der einzige der Hauptfiguren, der mit der Droge, „dem schwarzen Pulver von Meister Hou", in Kontakt kommt und sie regelmäßig benutzt. Madame Eisenhut ist diejenige, die ihm bei der Vorbereitung der Droge hilft und es ihm zu trinken gibt (vgl. TN 111). „Also war Hsiu-Tung auch ein Anhänger der schrecklichen Droge!"(TN 228)

3.2 Nebenfiguren

Die Nebenfiguren spielen ebenso eine wichtige Rolle im Roman, wie die Hauptfiguren. Im Gegensatz zu den Hauptfiguren sind sie aber nicht alle auf Mandarins Seite.

Polizeichef Ky bewundert und hilft Mandarin Tân die Verbrechen aufzulösen: „Mit einem Mal kam ein Mann in dunkler Uniform zum Pavillon herausgerannt, zwei Stufen auf einmal nehmend, und zerriss die Stille. […] Er verneigte sich und hielt als Zeichen seines Respekts die Hände gefaltet." (TN 15-16) Zusätzlich gibt Ky dem Mandarin Auskunft über alle Geschehnisse in der Hafenstadt, denn er ist derjenige, der im Namen des Gesetzes handelt. Herr Ky ist glücklicher mit Mandarin Tân, als er mit seinem Vorgänger gewesen ist, weil er als Untergebener und Offizier nicht das Recht gehabt hatte, seinen Vorgesetzten zu kritisieren, als er entdeckt hat, dass der vorige Mandarin Schwarzgeld erhielt (vgl. TN 71).

„Der Detektiv begnügt sich mit Andeutungen, sein Vertrauter mit oft unterwürfigen Fragen und unbeholfenen Vermutungen, die Angehörigen der Polizei (treten sie als Mitarbeiter auf) versuchen mit ihrer Intelligenz den Detektiv zu beeindrucken und ihn und sich untereinander auszutauschen."[5] Nach Meinung des Autors braucht der Polizist mehrere Beweise als der Detektiv und versucht mit allen Mitteln den Detektiv zu beeindrucken. In unserem Roman spielt Polizeichef Ky eben diese Rolle des Mitarbeiters, der den Mandarin mit seinen Fähigkeiten zum Staunen bringen will.

Madame Eisenhut ist die Gefängniswärterin, die nun als Wohnsitzlose vor der Stadt lebt, weil sie in der Vergangenheit angeklagt wurde, den Tod ihres Mannes verschuldet zu haben. Im Roman wird eine ausführliche Beschreibung ihrer Figur angegeben, damit wir uns ein klares Bild verschaffen, wie sie aussieht:

> Die Frau, in eine einfache Jacke und Hose aus Baumwolle gekleidet, bedeckte sich die Unterarme, die sie entblößt hatte, um die Peitsche zu handhaben. Ihr aristokratisches Gesicht war teilnahmslos, kaum dass sie ihre Brauen unter der körperlichen Anstrengung ein wenig gerunzelt hatte. Mit der Hand warf sie eine schwarze Strähne zurück, die ihr über die Augen gefallen war, und in der Sonne blitzten ihre Augen golden auf. Plötzlich fuhr sie unvermittelt herum und ließ die Lederpeitsche ein weiteres Mal pfeifen. (TN 40)

Madame Eisenhut lebt außerhalb der Stadt zusammen mit den Nomaden, weil sie ihr Recht auf eine Sesshaftigkeit in der Stadt verloren hat, nachdem sie angeschuldigt wurde, ihren Mann umgebracht zu haben. Damit sie arbeiten kann, muss jedoch jemand für sie bürgen. Es ist der Eunuch Clemens, der für den Hafen verantwortlich und auch der Verwalter des Gefängnisses ist (vgl. TN 44).

Damit das Spiel der Täuschungen, des Ratens und Denkens überhaupt in Gang kommen kann, braucht der Detektivroman genügend Figuren, *Verdächtige*, die ebenso wie der Täter unschuldig bzw. schuldig >erscheinen<.[6] Der Autor ist der Ansicht, dass es Figuren in einem Detektivroman gibt, die als Verdächtige gelten. Madame Eisenhut ist für uns eine solche Figur.

---

[5] Nusser (1992: 31).
[6] Nusser (1992: 41).

Da sie Alchimistin ist, ist sie die erste Person, die der Mandarin in Verdacht nimmt. Als Mandarin Tân herausfindet, dass Hsiu-Tung vergiftet wurde, vermutet er, dass Madame Eisenhut die Schuldige ist, weil er sie beobachtet hat, als sie Hsiu-Tung die Droge zu trinken gegeben hat (vgl. TN 198).

Eine weitere Nebenfigur ist Graf Diêm, dessen Tod anfangs rätselhaft für den Mandarin gewesen ist. Er ist ein hoher Adliger und Würdenträger der Stadt. Seine Kehle ist durchgeschnitten worden, obwohl die Tür zu seinem Schlafzimmer verschlossen und kein Zugang zum Balkon möglich gewesen ist. Dies macht die Untersuchungen des Mandarins zu einer schweren Aufgabe. „Vor dem Pavillon angelangt, verneigte Herr Ky sich tief.» Herr! Ein weiteres Unglück! Graf Diêm ist auf seinem Balkon tot aufgefunden worden." (TN 61) In diesem Hinblick ist Graf Diêm das Opfer in der ganzen Geschichte, denn er hat „unter allen Figuren des Detektivromans […] den geringsten personalen Stellenwert, obwohl [er] der Bezugspunkt der Fahndungstätigkeit ist."[7] Die Meinung des Autors trifft auch in unserem Roman zu, da der Mord des Grafen Diêm mit allen anderen Verbrechen in der Stadt verbunden ist.

Die Person, die im Roman jedoch als Schlüsselfigur erscheint ist der Eunuch Clemens. „Wie Ihr wisst, Herr, ist der Eunuch für den Warenfluss in unserer Stadt verantwortlich. Alles, was den Hafen passiert, geht durch seine Hände, denn er ist es, der die verschiedenen Geschäfte autorisieren muss." (TN 72) Obwohl er als eine unwichtige Nebenfigur interpretiert werden könnte, ist er derjenige der für Madame Eisenhut bürgt und für den Schmuggel in der Stadt verantwortlich ist. Da er ohne die Genehmigung des Kaisers Güter ausführt, übertritt er auch das Gesetz (vgl. TN 212). Wir erfahren sowohl, dass das Opfer der Bruder des Eunuchen gewesen ist und dass er mit Madame Libelle verheiratet ist, die sich am Ende als die Mörderin des Grafen erwiesen hat.

Madame Libelle ist somit unsere letzte Nebenfigur, die die größte Rolle im Roman spielt, jedoch nur ansatzweise erwähnt wird. Wegen ihrer unbeschreiblichen Schönheit wirbelt sie durch die Gedanken des Mandarins und verführt ihn, sodass er sich bis zum Schluss nicht mit ihr befasst und sie als Verdächtige ins Auge nimmt. „Um des Rätsels willen ist der Mörder auch unter allen Verdächtigen oft der Unauffälligste (>the most unlikely person<); »der scheinbar Unschuldigste ist in Wirklichkeit der Schuldige« (Alewyn, in: Z, 194)."[8] Im Moment der

---

[7] Nusser (1992: 39).
[8] Nusser (1992: 40).

Entlarvung des wahren Mörders, hat der Mandarin das Rätsel zwar gelöst, aber Madame Libelle nicht gefangen genommen. Der Roman hinterlässt ein offenes Ende hinsichtlich ihrer Gefangennahme.

4 Inhalt

4.1 Themen

Die Themen, die der Text aufgreift sind „Schmuggel und Korruption". Sie sind mit dem Eunuchen Clemens verbunden, da er für die Handelsimporte und –exporte am Hafen verantwortlich ist. „Korruption und Schmuggel sind sehr eng miteinander verknüpft. Korruption ist den Schmuggelgeschäften meistens vorausgegangen."[9] Auch in unserem Fall sind die Schmuggelgeschäfte des Eunuchen erst ans Licht erschienen als die Korruption in der Stadt sichtbar wurde.

Die Korruption wird im Roman anhand des Vorgängers des Mandarin Tân veranschaulicht, „der alles hatte in seinen Gang gehen lassen und nicht abgeneigt gewesen war, gewisse Geschenke anzunehmen, die man ihm anbot" (TN 71). Dieses Beispiel der Bestechung hoher Offiziere zeigt uns wie die Korruption zu dieser Zeit geblüht hat. Dieses ist auch der Anlass der Schmuggelgeschäfte des Eunuchen gewesen, der wahrscheinlich den vorigen Mandarin bestochen hat, um ein Auge zuzudrücken und seine Verhandlungen mit Fremdhändlern am Hafen nicht weiter in Betracht zu nehmen (vgl. TN 102). Der Eunuch hat seine Geschäfte mit vielen verschiedenen Waren getrieben, aber das bemerkenswerteste von allen seinen Exporten und Importen, sind die Juwelen, die er illegal aus dem Land verschiffen wollte und dabei zwei Frauen benutzt hat, indem er ihnen die Juwelen unter die Haut genäht und sie für krank erklärt hat. Als der Mandarin nach dem Überfall auf die Dschunke die beiden toten Frauen inspiziert und die Wunden der Einschnitte gefunden hat, ist er noch nicht auf der Spur des wahren Täters(vgl. TN 35). Am Ende werden aber die Gründe dieses Verbrechens aufgedeckt und der Eunuch Clemens verhaftet, da er zu viele lebensnotwendige Rohstoffe aus dem Land ausgeführt hat (vgl. TN 300).

4.2 Stoffgeschichte

„Und seit dem Beginn der großen nationalen Dynastien heißt unser Land Dai-Viêt." (TN 21) Die Geschichte der Dynastien wird uns anhand dieses Zitats verdeutlicht. Obwohl Ngô Quyên die Chinesen vertrieben und sich selbst zum Kaiser des unabhängigen Vietnams ernannt hat, ist er jedoch nicht derjenige der die Herrschaft der Dynastien begonnen hat. Das Land wurde von

---

[9] Cheng (2005: 445).

Ly Thai To „Dai-Viêt" benannt, der König der Ly-Dynastie gewesen ist und die von 1009 bis 1224 in Vietnam geherrscht hat.[10]

In einem anderen Abschnitt werden Bach Dang, Lâm Son, die Schwestern Trung, Ly Bon, Ngô Quyên und Lê Loi erwänht, die sich im Kampf gegen die chinesischen oder mongolischen Feinde „unsterblich" gemacht haben (vgl. TN 217). Ihre Namen spielen in der vietnamesischen Geschichte eine große Rolle, da sie in den Unabhängigkeitskriegen teilgenommen und zum freien Staat Vietnams beigetragen haben.

> Der Aufstand der Schwestern Trung war der erste einer Reihe auftretender Revolten während der tausendjährigen chinesischen Herrschaft über Vietnam. Schließlich nutzten vietnamesische Truppen unter Ngo Quyen die chaotische Situation in China 939, um die Besatzungstruppen vor Ort zu schlagen und ein unabhängiges Reich zu errichten.[11]

Hier wird uns die genaue Situation beschrieben, in der sich das Land befunden hat, um die Unabhängigkeit zu erreichen. Jedoch ist Le Loi aus der Le-Dynastie für uns am wichtigsten, da der Roman im Vietnam des 17. Jahrhunderts stattfindet. „Mit dem Lam-Son-Aufstand unter Führung des Grundbesitzers Le Loi wurden die Chinesen vertrieben. […] Er begründete die Le-Dynastie, die als längste der vietnamesischen Geschichte fast durchgehend bis 1789 Bestand hatte."[12] Somit befinden wir uns im Zeitraum der Le-Dynastie, die sehr ausschlaggebend im Roman erklärt wird, als der Mandarin über die Zustände der Regierung nachdenkt und sie detailliert schildert. Für ihn befindet sich die Dynastie der Le unverkennbar im Niedergang, da die aufrührerischen Gruppen unter den Fürsten Trinh im Norden und dem Prinzen Nguyên im Süden an der Einheit des Landes rütteln. Da das Land geteilt ist, machen diese Zustände es angreifbar für Feinde. Mandarin Tân weiß sehr gut über persönlichen Ehrgeiz und politischen Verrat Bescheid und erkennt dadurch wie verletzlich ein auseinanderfallendes Reich sein kann (vgl. TN 305).

4.3 Motive

In unserem Kriminalroman erscheinen auch einige Motive. Das grundlegende Thema dieser Motive ist die Religion, die eine wichtige Rolle im 17. Jahrhundert in Vietnam spielt. Es werden der Konfuzianismus, der Taoismus und der Mohismus erwähnt.

> Dieser Gott, den er so oft erwähnt, ist notwendig für ihn, um sich der Unsterblichkeit seiner Seele zu versichern, wenn ich recht verstanden habe. Natürlich weiß Hsiu-Tung nichts von der Ahnenverehrung, die das Fortbestehen unserer Erinnerung garantiert. Das ist es, was bei den Konfuzianern am ehesten dem Gedanken der Unsterblichkeit ähnelt. Und natürlich ist auch die ununterbrochene Linie der Nachkommenschaft von größter Bedeutung. (TN 157)

---

[10] Die Dynastien im 10. bis 15. Jahrhundert, aus: Vietnamtravelinfo (2011).
[11] Geschichte Vietnam (2002), aus: http://www.cadietravel.de/asia/vietnam/geschichtevietnam.htm
[12] Die Dynastien im 10. bis 15. Jahrhundert, aus: Vietnamtravelinfo (2011).

Diese Sätze betreffen den Konfuzianismus. Der Gründer dieser Religion ist Konfuzius (551-479 v. u. Z., eigentlich Kung Fu Tse) (s. Anhang, S. 23)gewesen, der einflussreichste, chinesische Denker, dessen Lehre bis in die heutige chinesischen Gesellschaft erscheint. Für Konfuzius ist der ideale Mensch nicht der heilige und weltabgewandte Asket, sondern der abgeklärte, Welt und Menschen kennende, in allem das richtige Maß haltende Weise. Konfuzius hat keine Metaphysik betrieben. Er gilt als Agnostiker. Der überlieferten Religion (in der es keinen persönlichen Gott gab) hat er positiv gegenüber gestanden.[13]

Der Konfuzianismus ist die Religion, die in Roman von Mandarin Tân vertreten wird, da er an die Lehre und den Wert des Konfuzius glaubt und ihn auch unterstützt: „Als Konfuzianer gratuliere ich Euch zu diesem Ergebnis!" (TN 233)

Im Gegensatz zu Konfuzius ist Lao Tse (ca. 6. Jahrhundert v. u. Z.) (s. Anhang, S. 23) der Gründer des Taoismus, dessen tatsächliche Existenz umstritten ist – ein Metaphysiker gewesen. Das Buch „Tao-te King", das er geschrieben haben soll, ist jedenfalls vorhanden. Tao ist der unfassliche Urgrund der Welt, das Gesetz aller Gesetze, Vernunft, das Absolute. Das Tao ist als letzter Urgrund unfassbar, das Erkennen des Nichterkennens ist das Höchste.[14]

Der Taoismus ist die umstrittenste Religion im Roman, weil sie negativ beschrieben wird. Die Taoisten zählen zu den Abweichlern des Konfuzianismus und stehen allen fleischlichen Gelüsten recht aufgeschlossen gegenüber. Sie empfehlen sexuelle Praktiken, bei denen es außerordentlich lebhaft zur Sache geht und all das als Weg zur Unsterblichkeit in einem ausschließlich geistigen Sinne (vgl. TN 143). Diesem Bild der Taoisten entspricht Graf Diêm, dessen sexuelle Triebe er in vielen Festen gestillt hat. Bei diesen Festen hat man sich in Gruppen zusammengefunden, um seiner Phantasie und seinen Lüsten nachzugehen. Besonders der Graf hat keine bestimmte Vorliebe für eines der Geschlechter gehabt (vgl. TN 166).

Die Figur, die ebenfalls den Taoismus im Roman vertritt ist Madame Libelle. Sie ist jedoch diejenige, die keine fleischlichen Lüste hat, aus diesem Grund ist sie auch mit einem Eunuchen verheiratet. Erst am Ende des Romans erfahren wir aber, dass sie dieser Sekte angehört, da die Drachen das Emblem der Taoisten sind und die Drachenschnur, die sie benutzt, sie verraten hat: „Gerade die Tatsache, sie als Taoistin erkannt zu haben, hat mich auch in dem Gedanken

---

[13] Vgl. Konfuzius, aus: Peter Möller Philolex (1998-2010).
[14] Vgl. Lao Tse, aus: Peter Möller Philolex (1998-2010).

bestärkt, sie könne sich einer Schnur bedient haben, die normalerweise zum Drachenfliegen benutzt wird." (TN 297)

Die dritte Religion, die im Roman erwähnt wird, ist der sogenannte Mohismus. Es handelt sich um eine reine Nützlichkeitsphilosophie. Die allgemeine Wohlfahrt fördern, das Übel bekämpfen und die Bevölkerung vermehren. Diesem Ziel wird alles andere untergeordnet. Mo Tse (s. Anhang, S. 23) tritt die überlieferte Religion noch stärker als Konfuzius ein. Mo Tse unterstützt, dass wenn jedermann an die Macht der Geister glaubt, das Böse zu bestrafen und das Gute zu belohnen, so wird es keine Unordnung geben. Mohismus befand sich auf dem Höhepunkt im vierten und dritten Jahrhundert v. u. Z. Nach dem zweiten Jahrhundert v. u. Z. verschwand er völlig. Der herrschende Konfuzianismus betrachtete den Mohismus als Irrlehre.[15]

Im Kriminalroman werden auch einige Ansichten vom Schrifgelehrten Dinh und Mandarin Tân über den Mohismus geäußert. Für Dinh ist Mo Tse ein seltsamer Charakter, ein Träumer, der den Frieden mit der Waffe in der Hand verteidigen wollte, gewesen. Und Mandarin Tân unterstützt die Meinung des Schriftgelehrten, indem er Mo Tse als feindselig gegenüber dem großen Konfuzius stellt, obwohl Mo Tse in seiner Jugend von den Lehren des Konfuzius profitiert hat. Für ihn ist das eine große Undankbarkeit (vgl. TN 215). Anhand dieser Beispiele wird der Gegensatz der beiden Religionen veranschaulicht und die Meinung der Konfuzianer zum Mohismus wiedergespiegelt.

Der Vertreter dieser Religion im Roman ist Madame Eisenhut. Sie ist die schöne Witwe, die mit ihrem Interesse an den Wissenschaften und Ekel an der konfuzianischen Gesellschaft freiwillig auf eine hohe soziale Stellung verzichtet und dem Mohismus nachgeht. Daher hat sie sich entschlossen als Nomadin zu leben und ihren Glauben an die Theorien des Mo Tse zu richten (vgl. TN 270).

4.4 Plot

Eine Figurenkonstellation ist ein Beziehungsgeflecht in dem die Figuren eines Werkes zueinander stehen und mit seinen Kontrasten und Parallelen die Handlung mitbestimmt, besonders die Konstellationen Hauptfigur, Gegenspieler, Freund und ähnliches.[16]

Diese Beschreibung hilft uns die Figurenkonstellation in unserem Roman zu bestimmen. Und zwar mit Mandarin Tân als Hauptfigur, Madame Libelle als Gegenspieler und Dinh als Freund.

---

[15] Vgl. Mo Tse, aus: Peter Möller Philolex (1998-2010).

[16] Vgl. Figurenkonstellation (10.08.2010), aus: www.wikipedia.de

Natürlich gibt es noch weitere Figuren die sich in der Figurenkonstellation als wichtige Variable befinden, wie Madame Eisenhut, Doktor Porc und andere.

Die Figurenkonstellation, die den konkreten Handlungsverlauf zeigt ist Folgende:

Mandarin Tân befindet sich in der Mitte und alle Figuren (Haupt- und Nebenfiguren) haben eine bestimmte Beziehung zu ihm. Links von ihm befindet sich Madame Eisenhut, die er zunächst für den Mord an den beiden verunglückten Frauen von der Dschunke in Verdacht nimmt, sich aber auch zu ihr angezogen fühlt. Rechts von ihm befindet sich Madame Libelle, die ihn mit ihrer bezaubernden Schönheit blendet und ihre Verbrechen ausüben kann, ohne vom Mandarin verdächtigt zu werden. Dinh als sein Freund befindet sich genau über ihm und hilft ihm die Verbrechen und Morde aufzuklären. Mit seinem guten Gespür und seiner Intelligenz ist er eine große Hilfe für Mandarin Tân. Hsiu-Tung hat wiederum nicht nur eine Beziehung zu Mandarin, sondern auch zu Madame Eisenhut. Mit ihr hat er eine wissenschaftliche Verbindung, da sie Alchimistin ist und ihm mit seinem Drogenproblem hilft.

Weitere Figuren, wie Doktor Porc haben nicht nur eine Beziehung mit dem Mandarin, aber auch mit Dinh, da alle drei Figuren eine Reise nach China angetreten sind um den mysteriösen Fall von Hsiu-Tungs Erkrankung auf die Spur zu kommen. Jedoch gibt es auch Figuren die hauptsächlich nur mit dem Mandarin in Kontakt kommen. Eine solche ist Polizeichef Ky, der ebenfalls Tân hilft die Verbrechen aufzuklären.

Die Schlüsselfigur ist aber der Eunuch Clemens. Er ist mit Madame Libelle verheiratet und bürgt für Madame Eisenhut damit sie in der Stadt arbeiten kann, da sie Nomadin ist. Der Eunuch befindet sich daher unter dem Mandarin und hat eigentlich fast keine Beziehung zu ihm, außer der Tatsache, dass sein Name bei fast allen Verbrechen irgendwo auftaucht. Der Grund dafür ist, dass er den Schmuggel in der Stadt betreibt und mit den zwei Verbrecherinnen in enger Verbindung steht.

Im Anhang (S. 23) befindet sich auch eine Skizze der Figurenkonstellation.

4.4.1 Zeitstruktur

Mit dem Parameter Zeitdarstellung sollte untersucht werden, mit welchen Mitteln die Inszenierung von den Verbrechen oder Morden erfolgt, das heißt wie die einzelne Ereignisse angeordnet und verknüpft werden, und wie die Zeitstruktur des erzählenden Textes ist. Die Zeitstruktur kann chronologisch sein, in manchen Fällen ist sie aber anachronisch, dies geschieht durch Rückwendungen oder Vorausdeutungen.[17] Die Gründe für das anachronische Erzählen sind die Gedanken des Mandarin Tân, wenn er etwas aus der Vergangenheit ins Gedächtnis zurückruft, wie im Falle der Umstände des Mordes am Grafen Diêm, im Fall des Schiffbruchs und der gestohlenen Grabsteine (vgl. TN 268-269).

„Erzählzeit wird definiert als *Dauer des (Vor-)Lesens* einer Geschichte - also: wie lang man braucht, um die Geschichte zu *lesen* (meist in Seitenzahlen angegeben). Erzählte Zeit bezeichnet *die Zeitspanne, in der sich das Erzählte abspielt* - also: welcher Zeitraum *beschrieben* wird."[18]

In unserem Roman hat die Erzählzeit eine sehr lange Dauer, mit anderen Worten braucht man viel Zeit um 314 Seiten zu lesen. Die erzählte Zeit jedoch betrifft nur eine kurze Zeitspanne, da sich das Erzählte nur in ungefähr einer Woche abspielt.

Das Tempo des Romans ist generell langsam, weil es Stellen gibt in denen keine Ereignisse geschehen, sondern nur Gedanken der Figuren übertragen werden. Eine solche Stelle ist Hsiu-Tungs Gedankenstrang, der weder Spannung noch Interesse erzeugt, da keine anderen Figuren beteiligt werden und es keine Handlung gibt (vgl. 176-182).

Es gibt jedoch auch Stellen die Spannung erzeugen, eine solche ist der Kampf zwischen Mandarin Tân und Madame Libelle. Diese Stelle kann als Höhepunkt des Romans bezeichnet werden, da es nicht nur Handlung, sondern auch Dialog gibt. Die Gegenüberstellung des Detektivs mit dem Verbrecher erzeugt von sich aus schon einen spannenden Effekt (vgl. 272-284).

4.4.2 Raumkonzeption

„Es ist fast schon ein Topos der literarischen wie der literaturwissenschaftlichen Beschäftigung mit Detektiv- und Kriminalliteratur, darauf hinzuweisen, wie enorm wichtig die Einbeziehung der Gestaltung des Raumes (und der Zeit) bei der Betrachtung dieses ebenfalls topisch als unterschätzt geltenden Genres moderner Erzählliteratur sei."[19] Wie Spörl schon angedeutet hat, ist die Raumkonzeption von großer Bedeutung für den Kriminalroman. Auch für uns sind der

---

[17] Kubicová (2010:26), aus:
http://is.muni.cz/th/180737/ff_m/Zur_Poetik_der_Erinnerung_in_Reinhard_Jirgls_Roman_Die_Stille.pdf
[18] Erzählzeit und erzählte Zeit in Kurzgeschichten (2003-2011), aus: http://www.wer-weiss-was.de/theme143/article5695115.html [Hervorgeh. i. O.].
[19] Spörl: Die Chronotopoi des Kriminalromans, aus: http://www.erlangerliste.de/ede/krimi.pdf

Schauplatzwechsel, die Stadt- und Landszenerie sowie auch die vorherrschenden Farben sehr wichtig, da sie die grundlegenden Bausteine unseres Romans bilden.

Der Schauplatzwechsel trifft jedes Mal ein, wenn ein Kapitel oder Unterkapitel wechselt. Er ist aber einheitlich innerhalb der Kapitel bzw. Unterkapitel. Mit anderen Worten wechselt der Schauplatz wenn das erste Kapitel mit dem Satz „Verlasst das Schiff!" (TN 12) endet und das nächste Kapitel mit dem Mandarin Tee trinkend in seinem Pavillon (vgl. TN 13) beginnt.

Die Land- und Stadtszenerie wird im Roman sehr betont, da die meisten Unterkapitel mit einer ausführlichen Beschreibung der Szenerie eingeführt werden: „Schon lange war die Sonne in den Wellen des Chinesischen Meers versunken, und langsam hatten sich am Himmel ferne und kalte Lichter entzündet." (TN 127)

Die Farben, die im Roman erwähnt werden, spielen eine ebenso wichtige Rolle wie die Stadt- und Landszenerie. Sie geben dem Roman eine Lebendigkeit, die anhand der verschiedenen Farben ausgedrückt wird: „Im golden schimmernden Licht einer Laterne, kämmte Madame Libelle ihr langes Haar." (TN 99) oder „Der helle Morgen verlieh dem Fluss, der unterhalb des Dorfes entlangglitt, eine diamantene Transparenz." (TN 31)

Es gibt ebenfalls phantastische und reale Räume in unserem Roman. Die phantastischen bestehen aus den vermischten Gedanken oder Halluzinationen Hsiu-Tungs. Sie werden im Roman kursiv angedeutet und unterbrechen den Handlungsverlauf der Geschichte. Es gibt drei solche Stellen im Roman, in denen der drogenkonsumierende Hsiu-Tung die Halluzinationen in ein „Tagebuch" notiert (vgl. TN 90-91, 175-176, 260-261).

Ein weiterer wichtiger Punkt ist der Raum in dem der Mord geschieht, da gerade die Darstellung der Räume dazu beiträgt, den Mordfall zu verrätseln.[20]

> Ein Mord wurde in einem Raum begangen, in dem sich nur das Opfer befand, den niemand betreten oder verlassen konnte. Wenn der Schauplatz des Kriminalromans schon im ganzen eine geschlossene Welt darstellt, ist dieses unheilvolle Zimmer gleichsam ein abgeschotteter Bereich in zweiter Potenz, eine doppelt uneinnehmbare Festung, die innerste Kammer des Allerheiligsten. Eine erste Sperre hält alle fern, die vom eigentlichen Drama ablenken würden, diese zweite Mauer aber macht völlig unerklärlich, wie es überhaupt dazu kommen konnte, da es scheinbar keine Beteiligten gab.[21]

Wie Caillois schon in diesem Zitat gesagt hat, ist der Raum des Mordes abgeschottet von der Außenwelt und der Mörder hat im Grund keine Möglichkeit gehabt den Mord durchzuführen.

---

[20] Vgl. Nusser (1992: 49).
[21] Caillois (1941: 164-165).

In unserem Fall ist der Raum ebenfalls von innen abgesperrt gewesen und es hat keine Möglichkeit gegeben, von außen auf den Balkon zu kommen (vgl. TN 61). Somit ist das Rätsel des Mordes offen geblieben, bis der Detektiv die Indizien gefunden hat um den Verbrecher herauszufinden.

5 Stil

Zunächst ist festzuhalten, dass es sich beim **Stil** um eine **textgebundene Erscheinung** handelt. In der modernen Linguistik wird Stil [...] als „ein Teilaspekt von Texten" (Sandig 1986) betrachtet. Wie die Primärbedeutung, der Textinhalt, entfaltet sich auch die stilistische Bedeutung, als sekundäre Bedeutungsebene erst in der Ganzheit des Textes.[22]

Wenn man den Stil des ganzen Romans betrachtet, dann erkennt man dass die Sprache eine schwierige und gehobene ist, da die Wörter die benutzt werden nicht alltäglichen Gebrauchs sind. Ebenfalls sind Begriffe aus dem Lateinischen (platycodon grandiflorum, vgl. TN 192) und Namen aus dem Vietnamesischen/ Chinesischen (Tân, Ky, Dinh) entnommen worden.

Was die Wortstilistik betrifft, wird im Text an manchen Stellen ein komplexes Vokabular benutzt, wie zum Beispiel „Chrysanthemenmotiven" (TN 65) oder „Psychopompos" (TN 124). Außerdem wird Metaphorik verwendet, um Ereignisse zu betonen: „Zwei riesige Schmetterlinge ... eines gewaltsamen Todes gestorben waren." (TN 151)

Zur Satzstilistik ist zu erwähnen, dass im Roman an vielen Stellen lange Sätze benutzt werden, daher kann ein Satz bis zu sechs oder sieben Zeilen lang sein (vgl. TN 89). Die „Vergleiche" (= παρομοιώσεις), die auch benutzt werden haben einen humorvollen Aspekt, so zum Beispiel „... Dinh, der steif auf seinem Pferd hockte, [fühlte] sich wie ein Experte der Reitkunst." (TN 18). Und generell ist der Roman in einem sehr beschreibenden Stil verfasst worden, damit ein Umfang von Bildern zum Leser übertragen werden kann: „Die Sonne stand in Zenit, und das Land vibrierte vor Hitze ... ins Anisgrün der Reisfelder hinein." (TN 150)

6 Narrativik

Die Narratologie oder im deutschen Sprachraum Narrativik ist die Wissenschaft vom Erzählen. Sie untersucht die Erzählung als Gattung und beschreibt ihre typischen konstanten und variablen Merkmale und Merkmalskombinationen und erstellt Typologien, die Erzähltexte

---

[22] Zur Stilistik des Wortes, aus: https://christal.elte.hu/curriculum2/Germanisztika/39Knipf/Kapitel%204.pdf

kategorisieren.[23] Das heißt, dass die Narrativik in unserem Roman das Verhältnis zwischen dem fiktiven Erzähler, den Figuren und dem fiktivem Leser beschreibt.

Die Erzählsituation im Roman ist eine auktoriale mit einem allwissenden Erzähler, der auch Kommentare zur Situation der Geschichte oder der Figuren macht: „Wann also würde er den höheren Zweck ihrer Handlungen verstehen?" (TN 257) Der Erzähler beschreibt die Handlung aus der dritten Person, da er nicht in der Welt der Figuren lebt, sondern in einer anderen „Sphäre". Seine Perspektive ist unbegrenzt, er steht „gottähnlich" außerhalb des Handlungsgeschehens und erzählt aus einer Außenperspektive. Außerdem weiß der Erzähler von Anfang an, wer der Mörder ist und wählt die richtigen Zeitpunkte aus, seine Kenntnis mit dem Leser zu teilen.

> Jedes Erzählen ist der Prozeß einer Kommunikation. Als Prozeß spielt es sich zwischen zwei Zeitpunkten ab, einem Anfang und einem Ende. Als Kommunikation spielt es sich ab zwischen zwei Personen, einem Erzähler und einem Leser (bzw. Zuhörer). Am Anfang weiß er Erzähler schon alles, der Leser noch nichts. In dem gleichen Maß, in dem die Erzählung vom Anfang zu ihrem Ende fortschreitet, verwandelt sich für den Leser Unbekanntes in Bekanntes und verringert sich der Abstand zwischen Erzähler und Leser. Wenn die Erzählung ihr Ende erreicht hat, hat der Leser den Erzähler eingeholt. Der Leser weiß nun ebenfalls alles, was am Anfang nur der Erzähler wußte.[24]

Nach Alewyn ist das Verhältnis zwischen Erzähler und Leser am Anfang der Geschichte ungleich, da der Erzähler mehr weiß als der Leser, am Ende gleicht sich das Verhältnis aus, weil der Leser genügend Informationen erlangt hat um mit dem Erzähler auf dem gleichen Niveau zu stehen.

Der Vermittler dieser Informationen an den Leser ist der Detektiv, der mit seinen Ermittlungen Antworten auf die Fragen des Lesers gibt. Alewyn behauptet außerdem, dass der Detektiv der Sachwalter des fragenden Lesers innerhalb der Erzählung ist.[25]

7 Schluss

Im Verlauf dieser Seminararbeit haben wir die vielen verschiedenen Aspekte des Romans verdeutlicht und analysiert. Diese Aspekte haben sich auf die Figuren, den Inhalt, den Stil und die Narrativik bezogen. Bei den ersten beiden Teilaspekten wird die Situation im Vietnam des 17. Jahrhunderts stark betont. Die wichtigsten Themen, die der Roman anspricht sind Schmuggel und Korruption. Der Detektiv muss sich außer den Verbrechen und Morden, die in dieser kleinen Hafenstadt geschehen auch noch mit dem illegalen Betrieb des Hafens befassen

---

[23] Vgl. Glossar. Fachbegriffe für den Deutschunterricht (1999-2010), aus:
http://www.teachsam.de/deutsch/glossar_deu_e.htm#Erz%CE%B4hltheorie
[24] Alewyn (1968/1971: 54-55).
[25] Vgl. Alewyn (1968/1971: 60).

und zu Allem eine Lösung finden. Unser Protagonist Mandarin Tân ist *dieser* Detektiv, der mithilfe seiner Anhänger und der Polizei alle Verbrechen und Morde auflöst, jedoch den Mörder nicht verhaften kann. Dieses Ereignis hinterlässt einen offenen Schluss. Man kann abschließend den Roman von Tran-Nhut mit einem Sherlock Holmes-Roman vergleichen, weil er mysteriöse Morde und unerklärliche Verbrechen beinhaltet.

8 Literaturverzeichnis

Primärliteratur:

- Tran-Nhut (2008): *Das schwarze Pulver von Meister Hou*. Zürich: Unionsverlag.

Sekundärliteratur:

- Alewyn, Richard (1968/1971): Anatomie des Detektivromans. In: Vogt, Jochen (Hrsg.)(1998): *Der Kriminalroman. Poetik • Theorie • Geschichte*. Stuttgart: UTB.
- Caillois, Roger (1941): Der Kriminalroman. In: Vogt, Jochen (Hrsg.)(1998): *Der Kriminalroman. Poetik • Theorie • Geschichte*. Stuttgart: UTB.
- Cheng, Liangya (2005): *Die Bedeutung des WTO-Beitritts für die wirtschaftliche Entwicklung Chinas. Eine betriebs- und gesamtwirtschaftliche Analyse*. Wiesbaden: Deutscher Universitätsverlag.
- Kracauer, Siegfried (1922/1925): Detektiv. In: Vogt, Jochen (Hrsg.)(1998): *Der Kriminalroman. Poetik • Theorie • Geschichte*. Stuttgart: UTB.
- Kubicová, Hanna (2010): *Zur Poetik der Erinnerung in Reinhard Jirgls Roman Die Stille*. Magisterká diplomová práce. Masarykova univerzita: Filozofická fakulta.
- Nusser, Peter (1992): *Der Kriminalroman*. Stuttgart: B. Metzler Verlag.

Internetquellen: (abgerufen am 14.06.2011)

- Die Dynastien im 10. bis 19. Jahrhundert, aus: Vietnamtravelinfo (2011), aus:
- ➢ http://www.vietnam-travel-info.de/ueber-vietnam/geschichte/192-die-dynastien-im-10-bis-15-jahrhundert
- ➢ http://www.vietnam-travel-info.de/ueber-vietnam/geschichte/193-die-dynastien-im-16-bis-19-jahrhundert
- Geschichte Vietnam (2002), aus:
  http://www.cadietravel.de/asia/vietnam/geschichtevietnam.htm
- Konfuzius, aus: Peter Möller Philolex (1998-2010), aus:
  http://www.philolex.de/konfuziu.htm
- Lao Tse, aus: Peter Möller Philolex (1998-2010), aus:
  http://www.philolex.de/china.htm#lao
- Mo Tse, aus: Peter Möller Philolex (1998-2010), aus:
  http://www.philolex.de/china.htm#mot

- Spörl: Die Chronotopoi des Kriminalromans, aus:
  http://www.erlangerliste.de/ede/krimi.pdf
- Erzählzeit und erzählte Zeit in Kurzgeschichten (2003-2011), aus:
  http://www.wer-weiss-was.de/theme143/article5695115.html
- Figurenkonstellation (10.08.2010), aus:
  http://de.wikipedia.org/wiki/Figurenkonstellation
- Zur Stilistik des Wortes, aus:
  https://christal.elte.hu/curriculum2/Germanisztika/39Knipf/Kapitel%204.pdf
- Glossar. Fachbegriffe für den Deutschunterricht (1999-2010), aus:
  http://www.teachsam.de/deutsch/glossar_deu_e.htm#Erz%CE%B4hltheorie

9 Anhang

Figurenkonstellation:

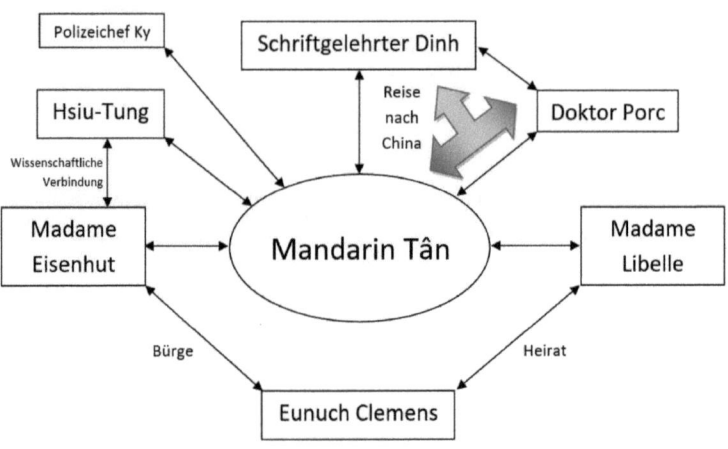

BEI GRIN MACHT SICH IHR WISSEN BEZAHLT

- Wir veröffentlichen Ihre Hausarbeit, Bachelor- und Masterarbeit

- Ihr eigenes eBook und Buch - weltweit in allen wichtigen Shops

- Verdienen Sie an jedem Verkauf

Jetzt bei www.GRIN.com hochladen
und kostenlos publizieren